QUESTIONS RÉPONSES 8/10 ans

l'Europe

Textes de **Jean-Michel Billioud**

Illustrations de **Yann Le Béchec,**
Sébastien Telleschi
et **Olivier Latyk**

Nathan

SOMMAIRE

L'Europe, c'est quoi ?

C'est d'abord un continent, comme l'Asie ou l'Afrique, formé d'une quarantaine de pays. Mais ce nom désigne aussi le groupe des 28 États qui ont choisi de faire partie de l'Union européenne, un ensemble politique et économique.

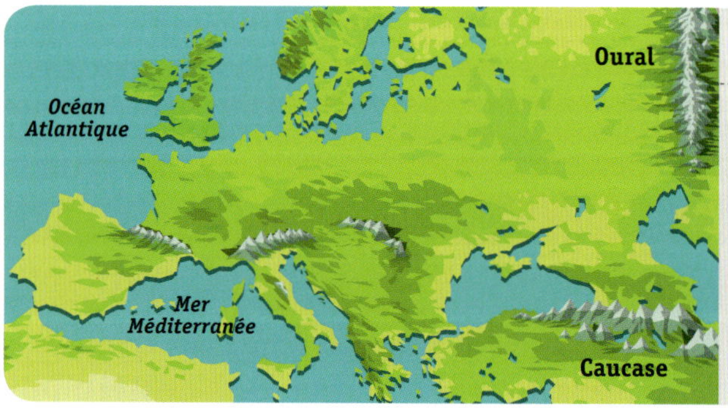

Quelles sont les frontières de l'Europe ?

C'est une question difficile. L'Europe est bordée à l'ouest, au sud et au nord par des mers et des océans. Vers l'Asie, on considère qu'elle s'étend jusqu'à l'Oural à l'est et jusqu'au Caucase au sud. Mais ces limites ne correspondent pas à des frontières politiques.

INCROYABLE !

Certains pays sont situés entièrement dans un autre État. C'est le cas de San Marin, localisé au cœur de l'Italie.

Est-ce que tous les Européens se ressemblent ?

Pas vraiment. Les Islandais et les Portugais ou les Italiens et les Suédois ne se ressemblent pas beaucoup, par exemple. Ils n'ont ni la même apparence physique, ni la même culture, ni la même langue, ni les mêmes religions. L'Europe est un véritable puzzle !

La démocratie est une valeur fondamentale de l'Union européenne.

Qu'est-ce qui fait qu'on est européen ?

Beaucoup de choses. Les Européens partagent d'abord une même histoire puisque la majorité des pays ont été influencés par les civilisations grecque et romaine puis par le christianisme. Mais ils défendent aussi des valeurs communes comme la tolérance, la paix ou la démocratie.

Les frontières des pays européens sont-elles les mêmes depuis toujours ?

Pas du tout. Depuis 3 000 ans, elles ont beaucoup évolué. L'Italie et l'Allemagne n'existaient pas il y a 200 ans. D'ailleurs, les frontières continuent de bouger. La Tchécoslovaquie a été divisée en Tchéquie et Slovaquie en 1993. Ainsi, l'Europe a gagné un nouveau pays !

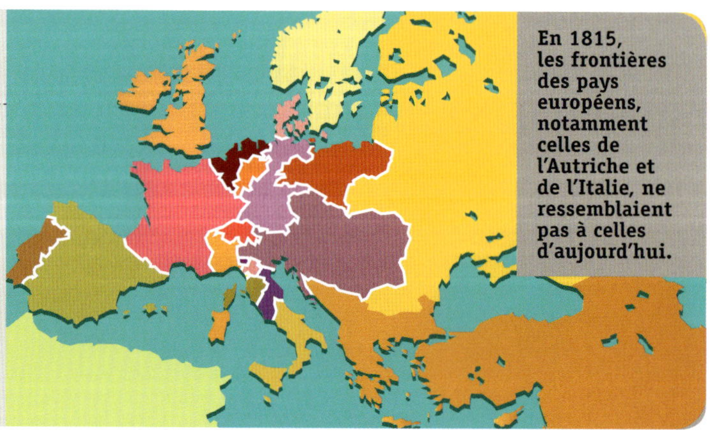

En 1815, les frontières des pays européens, notamment celles de l'Autriche et de l'Italie, ne ressemblaient pas à celles d'aujourd'hui.

LE SAVAIS-TU ? ★ Le plus petit pays d'Europe, et même du monde, est le Vatican. Il est situé dans la ville de Rome.

LES DEUX EUROPES

Parmi la quarantaine de pays qui forment l'Europe, 28 États ont choisi d'adhérer à l'Union européenne.

UNE UNION EUROPÉENNE DE PLUS EN PLUS GRANDE

1957

L'Europe des 6

- **Allemagne** Berlin
- **Belgique** Bruxelles
- **France** Paris
- **Italie** Rome
- **Luxembourg** Luxembourg
- **Pays-Bas** Amsterdam

De 1973 à 1986

L'Europe des 12 : adhésion de 6 nouveaux pays

- **Danemark** Copenhague
- **Espagne** Madrid
- **Grèce** Athènes
- **Irlande** Dublin
- **Portugal** Lisbonne
- **Royaume-Uni** Londres

1995

L'Europe des 15 : adhésion de 3 nouveaux pays

- **Autriche** Vienne
- **Finlande** Helsinki
- **Suède** Stockholm

2005

L'Europe des 25 : adhésion de 10 nouveaux pays

- **Chypre** Nicosie
- **Pologne** Varsovie
- **Estonie** Tallinn
- **Slovaquie** Bratislava
- **Hongrie** Budapest
- **Slovénie** Ljubljana
- **Lettonie** Riga
- **Tchéquie** Prague
- **Lituanie** Vilnius
- **Malte** La Valette

2007

L'Europe des 27 : adhésion de 2 nouveaux pays

- **Bulgarie** Sofia
- **Roumanie** Bucarest

2013

L'Europe des 28 : adhésion d'1 nouveau pays

- **Croatie** Zagreb

Combien y a-t-il d'Européens ?

L'Europe abrite environ 700 millions de personnes si l'on compte les 100 millions de Russes de l'Ouest. Mais si l'on ne compte que la population de l'Union, les Européens sont un peu plus de 500 millions.

Quels sont les pays les plus peuplés ?

Si l'on écarte la Russie, ce sont l'Allemagne (82,5 millions), la France et le Royaume-Uni (respectivement 64 et 61 millions environ) puis l'Italie (58 millions) qui sont en tête. La densité de population, c'est-à-dire le nombre d'habitants au km^2, est très différente selon les pays : elle est de 400 aux Pays-Bas, mais de 14 en Norvège !

INCROYABLE !

Depuis 1950, l'âge moyen des Européens a augmenté de 8 ans : l'Europe vieillit !

Quelles langues parle-t-on en Europe ?

Des centaines ! L'allemand est la langue maternelle la plus pratiquée : on la parle en Autriche, en Allemagne et dans certaines régions suisses et luxembourgeoises. Soit 90 millions de germanophones ! Avec 60 millions d'utilisateurs chacune, le français, l'anglais et l'italien sont les autres langues majeures.

Au parlement européen, il y a presque autant d'interprètes que de députés !

Dans quels pays naissent le plus d'enfants ?

Français et Irlandais sont les seuls à avoir près de 2 enfants par couple. En moyenne, les familles ont plus d'enfants dans le nord de l'Europe que dans le sud et l'est. Mais globalement, les Européens n'ont pas assez d'enfants : tous pays confondus, la population n'augmente que par l'immigration.

LE SAVAIS-TU ? ★ Au sein de l'Union européenne, il existe 24 langues officielles. Sans compter les centaines de dialectes !

LA POPULATION DE L'UNION EUROPÉENNE

2025

Les démographes pensent qu'à partir de cette date, **la population de l'Union européenne va cesser d'augmenter !**

Si l'Europe était un seul État, elle serait le

3e

de la planète en terme de population derrière la Chine (1,3 milliard) et l'Inde (1,1 milliard).

L'EUROPE DANS LE MONDE

LES 28 PAYS DE L'UNION

en millions d'habitants

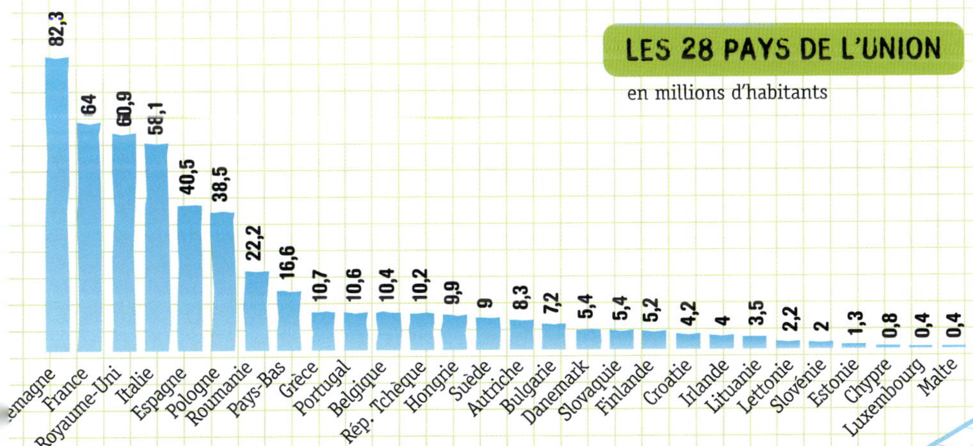

115 habitants au km²

C'est la densité moyenne dans l'Union européenne.

Le pays le plus peuplé d'Europe, l'Allemagne, n'est qu'en

14e

position dans le classement mondial.

75 %

C'est la part de la population européenne que représentent **les six pays les plus peuplés :** l'Allemagne, la France, le Royaume-Uni, l'Italie, l'Espagne et la Pologne.

6 700 langues sont pratiquées dans le monde. Il n'y en a que **225 environ en Europe.**

40 %

C'est la part de la **population luxembourgeoise d'origine étrangère.** Elle est de moins de 6 % en France.

5 % des Suédois vivent plus de 80 ans. C'est le record d'Europe (3,7 % en France, 2 % en Pologne).

À quoi ressemble la géographie de l'Europe ?

Difficile de répondre à cette question. Extrémité ouest de l'Asie, ouverte sur la mer du Nord, l'océan Atlantique et la mer Méditerranée, l'Europe offre une mosaïque de paysages, de reliefs et de climats complètement différents.

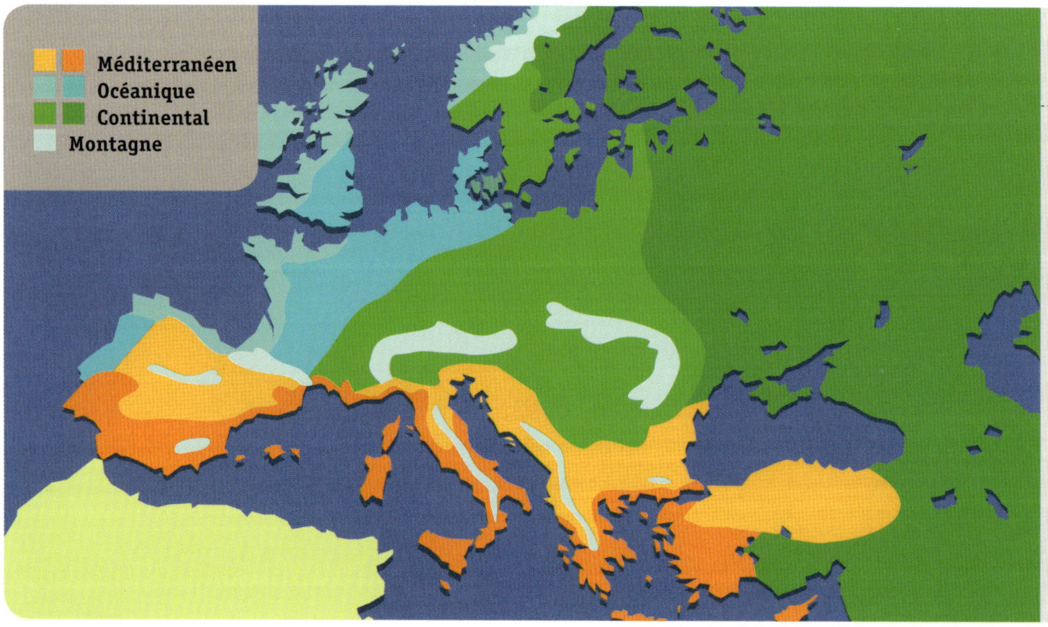

Le climat est-il le même partout ?

Pas du tout. D'ouest en est, au fur et à mesure que l'on pénètre à l'intérieur des terres, on trouve des climats méditerranéen, océanique, continental et même polaire en Islande. Sans oublier le climat de montagne dans les Pyrénées, les Alpes ou les Balkans.

INCROYABLE !

L'Europe compte deux fois plus de côtes que l'Afrique alors qu'elle est trois fois plus petite que le continent africain !

Quelle est la plus grande chaîne de montagnes ?

Les principales chaînes de montagnes de l'Europe sont les Alpes, l'Oural, les Balkans, les Carpates et les Pyrénées. Le mont Blanc est officiellement le plus haut sommet européen avec 4 807 mètres. Mais beaucoup estiment que le vrai toit du continent est le mont Elbrouz (5 642 mètres), situé dans le Caucase, en Russie.

Paccard et Balmat sont les premiers à gravir le mont Blanc en 1786. Ils ont inventé l'alpinisme !

Y a-t-il beaucoup de forêts en Europe ?

Énormément. La Russie, la Suède, la Finlande et la France sont les pays les plus boisés. Au nord, la moitié de l'Europe est recouverte de forêt boréale ou taïga (conifères). De l'Irlande jusqu'à la Roumanie, les forêts deviennent tempérées (hêtres, érables). Au sud, on trouve des forêts méditerranéennes (chênes, pins).

LE SAVAIS-TU ? ★ L'Europe est un continent très peu élevé : l'altitude moyenne dépasse à peine 300 mètres.

UNE INCROYABLE PALETTE DE **PAYSAGES**

2 Sognefjord, Norvège

3 Falaises d'Étretat, France

1 Forêt noire, Allemagne

4 Andalousie, Espagne

5 Mont Blanc, France

L'Europe est-elle une grande puissance économique ?

Oui. L'Europe est un continent très riche, à l'exception de quelques pays, et ses habitants ont un niveau de vie élevé. L'Union européenne est même la première puissance industrielle du monde devant les États-Unis.

Quels sont les Européens les plus riches ?

Ce sont les Luxembourgeois car ils profitent de toutes les banques qui se sont installées dans leur petit pays et qui rapportent beaucoup d'argent. Après eux, ce sont les Norvégiens qui sont les plus riches grâce au pétrole et au gaz de la mer du Nord.

Le développement économique est-il le même partout ?

Non, il est très inégal selon les régions. Il y a longtemps eu une différence de développement entre les pays riches du nord (Angleterre, Suède) et ceux du sud (Portugal, Grèce), plus pauvres. Aujourd'hui, c'est entre les pays de l'ouest et ceux de l'est que l'écart est le plus important.

Y a-t-il beaucoup de paysans en Europe ?

Cela dépend des pays. En Pologne, une personne sur cinq travaille dans le secteur agricole. En Angleterre, il n'y en a même pas une sur cinquante ! Les cultures aussi sont variées. En Grèce, on cultive beaucoup la vigne, à Malte, les tomates, en Belgique, les pommes de terre et en France, le blé.

Avec quels pays l'Union européenne fait-elle du commerce ?

Avec la plupart des pays du monde mais surtout avec les États-Unis, la Chine et le Japon. Les Européens exportent beaucoup d'automobiles et de produits chimiques. Mais ils doivent importer la majorité de leur énergie (Moyen-Orient) et de leurs ordinateurs (États-Unis).

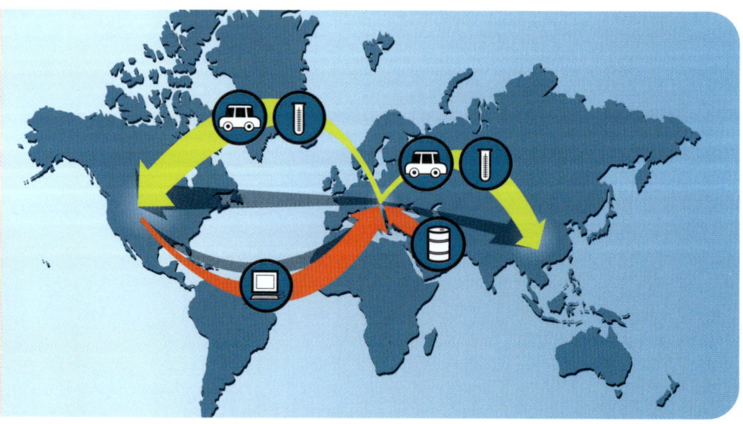

LE SAVAIS-TU ? ★ Le pays le plus pauvre du continent est la Moldavie.

DES ACTIVITÉS VARIÉES

Les Suédois
Ils ont le génie pour vendre dans le monde entier les produits de leurs sociétés comme Ericsson, Ikea ou H&M.

Les Allemands
Ils sont les premiers au monde dans l'industrie automobile grâce à BMW, Daimler-Chrysler ou Volkswagen !

Les Anglais
Ce ne sont plus les rois de l'acier comme au 19e siècle. Mais ils gagnent beaucoup d'argent avec les banques et les industries pétrolières ou chimiques.

Les Néerlandais
Les Pays-Bas sont le troisième pays exportateur de produits agricoles après les États-Unis et la France alors qu'ils sont minuscules ! Les Néerlandais produisent même 90 % des tulipes du monde !

Les Espagnols
Ils exportent leurs voitures, leurs produits chimiques, leur textile et leurs chaussures dans le monde entier. Mais c'est du tourisme que le pays tire aujourd'hui le plus de revenus.

Les Ukrainiens
Aidés de leur moissonneuse-batteuse, les agriculteurs ne manquent pas de travail : les exploitations dépassent en moyenne 3 000 hectares !

Les Italiens
Ils ont de grandes industries au nord, comme Fiat, à Turin, et de nombreuses exploitations agricoles au sud.

Les Suisses
Ils sont les princes de la finance et les rois des horlogers depuis des siècles. Qui ne connaît pas la marque Swatch ?

Les Français
Ils ont de la chance, leur pays est le plus visité au monde : 80 millions de touristes chaque année. Ils sont aussi de sacrés agriculteurs !

Les monuments européens se ressemblent-ils ?

Pas du tout. Ils sont le reflet des civilisations et des histoires particulières qui ont modelé chaque pays. Les différences entre les monuments tiennent aussi aux matériaux, comme le bois, présents dans certains pays et pas dans d'autres.

La grotte de Lascaux, en Dordogne, n'a été découverte qu'en 1940.

Quels sont les plus anciens monuments d'Europe ?

Les monuments grecs ou romains comme le Parthénon d'Athènes ou le Colisée de Rome ont plus de 2 000 ans. Mais les plus anciennes habitations sont les grottes de l'époque préhistorique comme celle de Lascaux, vieille de près de 30 000 ans !

Y a-t-il beaucoup d'églises ?

Énormément. Les chrétiens ont construit d'innombrables lieux de culte. Certains sont en bois et de taille modeste. D'autres sont de gigantesques monuments de pierre comme la cathédrale Saint-Pierre de Rome. Mais il y a aussi des mosquées et des synagogues dans tous les pays !

INCROYABLE !

Depuis son inauguration en 1889, la tour Eiffel a reçu plus de 230 millions de visiteurs. Record d'Europe !

Le palais de l'Alhambra, à Grenade.

Où habitaient les rois et les empereurs ?

Ils habitaient dans des châteaux ou des palais magnifiques aux styles très différents. Certains existent encore, comme le château de Versailles, édifié sous Louis XIV ou le palais de l'Alhambra à Grenade, construit dans le sud de l'Espagne par les princes arabes au 13e siècle.

Certains monuments européens sont-ils modernes ?

Bien sûr. Des musées d'art contemporain ont été construits à la fin du 20e siècle, comme les musées Guggenheim de Bilbao, en Espagne, ou le centre Pompidou, à Paris. Parfois, les architectes mélangent les époques. Une pyramide ultramoderne en verre a ainsi été élevée au cœur du vieux musée du Louvre !

LE SAVAIS-TU ? ★ Ancien château des rois de France, le Louvre est le plus grand musée d'Europe.

LES MONUMENTS CÉLÈBRES

Voici un des plus beaux châteaux forts d'Europe : **le château de Bodiam,** en Angleterre. Construit au 14e siècle, il est protégé par ses murailles et ses douves.

Avec ses trois tours, **l'église de Heddal,** en Norvège, est une véritable cathédrale de bois et un monument unique au monde.

On peut grimper tout en haut de **la tour Eiffel**, à Paris, par les escaliers. Pas facile : il y a 1 665 marches !

En Italie, **la tour de Pise** penche depuis le 12e siècle. En marbre blanc, elle a été consolidée plusieurs fois pour ne pas tomber !

La cathédrale Basile-le-Bienheureux a été construite à Moscou par le tsar Ivan le Terrible au 16e siècle : les toits sont colorés de vert, de jaune, de bleu et de rouge.

La Sagrada Familia, à Barcelone, est une église incroyable... Commencée à la fin du 19e siècle, elle n'est toujours pas terminée !

Posé au sommet d'une colline, **le Parthénon** domine Athènes, en Grèce, depuis plus de 2 000 ans. Que de colonnes !

Quels sont les grands moments de l'histoire européenne ?

Il y en a eu beaucoup en 3 000 ans ! Certaines époques ont permis de faire progresser l'Europe, comme la Renaissance, les Lumières ou la révolution industrielle. D'autres événements l'ont ravagée, comme les épidémies de peste et les guerres.

L'Europe a-t-elle déjà été unifiée dans le passé ?

Jamais en totalité. Mais certains souverains ont réussi à conquérir plusieurs pays pour former un vaste empire.
Après les Romains de l'Antiquité, Charlemagne, Charles-Quint et Napoléon ont été les seuls à y parvenir pendant quelques années.

INCROYABLE !

Respecté jusqu'en Asie, Charlemagne reçut un éléphant en cadeau du roi de Perse.

La Renaissance, qu'est-ce que c'est ?

Ce mouvement artistique et intellectuel a transformé l'Europe aux 15e et 16e siècles. Inspirés par les beautés de l'Antiquité, les artistes et les écrivains ont fait connaître leurs œuvres en voyageant. Ils ont aussi profité de la naissance de l'imprimerie qui permit la diffusion de leurs savoirs.

Au 15e siècle, Jean Gutenberg invente l'imprimerie en Europe.

À la fin du 18e siècle, Diderot et d'Alembert publient une encyclopédie qui rassemble tous les savoirs de leur temps.

Pourquoi parle-t-on d'Europe des Lumières ?

Au début du 18e siècle, des savants ont fait de grands pas dans la connaissance du monde. D'autres ont conseillé les rois pour améliorer leur manière de gouverner. C'est une période de grands progrès. On dit que l'Europe est passée de l'« obscurité » à la « lumière ».

Les pays d'Europe se sont-ils souvent fait la guerre ?

Hélas, oui. Ils n'ont presque jamais cessé. Les deux plus meurtrières ont été la Première et la Seconde Guerre mondiale qui ont commencé en Europe avant de s'étendre. Heureusement, depuis plus de cinquante ans et la création de l'Union européenne, les conflits sont moins destructeurs, même s'ils n'ont pas disparu.

LE SAVAIS-TU ? ★ Entre 1347 et 1351, la peste noire a causé la mort de près d'un tiers de la population européenne.

UNE SI LONGUE HISTOIRE

Vers - 28000 ans

1 LA PRÉHISTOIRE

Les hommes préhistoriques, ancêtres des Européens, vivent dans des grottes.

Du 1er siècle av. J.-C. au 5e siècle ap. J.-C.

2 L'EMPIRE ROMAIN

Les Romains dominent la plus grande partie de l'Europe. Aux frontières de l'Empire, ils construisent des murs pour se protéger des barbares.

De 500 à 1500

3 LE MOYEN ÂGE

L'Europe souffre des guerres, des famines et de la peste. C'est aussi le temps des châteaux forts et des cathédrales.

800 - 814

4 L'EMPIRE CAROLINGIEN

Couronné empereur, Charlemagne fonde le Saint Empire romain germanique. Aucun souverain européen ne sera aussi puissant que lui.

15e - 16e siècles

5 LA RENAISSANCE

Léonard de Vinci est un génie de la Renaissance. Il est à la fois peintre, ingénieur, architecte, philosophe et savant !

Début du 19e siècle

6 L'EMPIRE DE NAPOLÉON

Napoléon veut conquérir l'Europe et devenir le nouveau Charlemagne. Mais son empire s'effondre comme un château de cartes.

19e siècle

7 LA RÉVOLUTION INDUSTRIELLE

On utilise la vapeur comme énergie : c'est la révolution industrielle. Elle va transformer l'Europe, puis le monde, dès la fin du 18e siècle.

1914 - 1918

8 LA PREMIÈRE GUERRE MONDIALE

Ce conflit terriblement destructeur ruine l'Europe. Elle ne dominera plus jamais le monde comme avant !

1939 - 1945

9 LA SECONDE GUERRE MONDIALE

Vingt ans après la Première Guerre mondiale, elle entraîne la mort de 40 millions de personnes, dont la très grande majorité en Europe.

1951

10 VERS L'UNION EUROPÉENNE

Les Européens décident de se rapprocher pour ne plus connaître de guerres. L'Union européenne est en marche !

Pourquoi a-t-on créé une Union européenne ?

C'est à cause de la Seconde Guerre mondiale.
Après ce terrible conflit, 6 pays européens ont voulu construire une paix durable avec leurs anciens ennemis. Depuis, l'Union ne cesse de grandir et compte aujourd'hui 28 partenaires.

Dans son fameux discours du 9 mai 1950, Robert Schuman défend l'idée d'une Europe unie.

Qui a imaginé que les pays d'Europe pourraient s'unir ?

C'est le Français Robert Schuman. C'est lui qui, le premier, a proposé de mettre en commun le charbon et l'acier de la France et de la République fédérale d'Allemagne, les ennemis des deux guerres mondiales. C'était un premier pas important.

INCROYABLE !

Le grand écrivain Victor Hugo avait déjà imaginé une union des pays européens au 19e siècle !

Est-ce que l'Union a été longue à mettre en place ?

Très longue. L'Union a d'abord été un accord économique pendant de nombreuses années avant de devenir une alliance politique. Certains pays comme l'Angleterre ont mis longtemps avant d'accepter ce projet européen car ils avaient peur de perdre leur liberté. D'autres refusent encore d'en faire partie.

Faut-il être riche pour faire partie de l'Union ?

Non, ce n'est pas l'essentiel. Malte ou Chypre, qui sont de tout petits pays sans grandes ressources, ont été acceptés en 2004. Pour faire partie de l'Union européenne, il faut surtout être une démocratie, respecter les droits de l'homme et avoir une économie stable.

L'Union européenne peut-elle encore s'agrandir ?

Bien sûr. La Serbie ou la Turquie devraient entrer dans l'Union en 2013. Une dizaine d'années peuvent s'écouler entre le moment où un pays dépose sa candidature et celui de son intégration. Parce qu'il doit être accepté par tous les États membres. Et plus il y a de pays, plus c'est compliqué.

LE SAVAIS-TU ? ★ Londres et Paris sont les deux plus grosses villes de l'Union européenne avec près de 12 millions d'habitants.

LES GRANDES ÉTAPES DE L'EUROPE POLITIQUE

D'un traité à l'autre

ILS L'ONT FAIT !

Incroyable ! Le Français Robert Schuman, qui avait proposé un accord économique entre pays européens, a été entendu. L'Allemagne, la Belgique, la France, l'Italie, le Luxembourg et les Pays-Bas viennent d'accepter de partager leur charbon et leur acier. La Communauté européenne du Charbon et de l'Acier (CECA) est née !

Paris, le 18 avril 1951

Un traité à Rome

Dernière minute : en signant le traité de Rome, les pays de la CECA forment la communauté économique européenne (CEE) et créent un marché commun.

Rome, le 25 mars 1956

La CEE devient l'Union européenne

Le traité de Maastricht fonde l'Union européenne.

Maastricht, le 7 février 1992

La monnaie commune entre en vigueur

Vive l'euro !

Les jours de Nouvel An ne sont pas des jours comme les autres, et celui-là encore moins… Depuis minuit, dans les pays qui ont choisi de remplacer leur monnaie nationale par l'euro, la monnaie commune européenne, les nouveaux billets sont enfin disponibles !

Paris, le 1er janvier 2002

EN BREF

60 ans d'élargissement

L'Europe des 12 !

Après le Royaume-Uni, l'Irlande et le Danemark qui ont adhéré à la CEE en 1973, et la Grèce en 1981, voici deux nouveaux venus : l'Espagne et le Portugal. Ils rejoignent à leur tour les six pays fondateurs de la communauté.

Le 1er janvier 1986

L'Europe grandit encore !

Adhésion de l'Autriche, de la Finlande et de la Suède. L'Europe compte désormais 15 membres.

Le 1er janvier 1995

Une arrivée en force

Les 10 nouveaux adhérents à l'Union européenne sont : Chypre, l'Estonie, la Hongrie, la Lettonie, la Lituanie, Malte, la Pologne, la République tchèque, la Slovaquie et la Slovénie.

Le 1er janvier 2005

Un de plus !

La Craotie rejoint l'Union européenne. L'Europe compte désormais 28 membres.

Le 1er janvier 2013

Quels sont les symboles de l'Union européenne ?

Il y en a plusieurs. Les principaux sont le drapeau et l'hymne qui ont été adoptés en 1985. L'Union européenne a aussi sa propre devise : « unie dans la diversité ». Elle signifie que les Européens s'unissent pour la paix et la prospérité.

Pourquoi le drapeau de l'Europe a-t-il douze étoiles ?

Ce cercle d'étoiles dorées représente l'union entre les peuples d'Europe. On ne sait pas très bien ce que signifient ces douze étoiles. Certains disent qu'il s'agit d'un nombre parfait. En tout cas, il n'a rien à voir avec le nombre des pays membres.

Quel est l'hymne de l'Europe ?

C'est *L'Ode à la joie*, un air de la célèbre Neuvième Symphonie de Ludwig van Beethoven. Les responsables européens ont choisi cette musique car elle était connue dans de nombreux pays. Ils ont opté pour un hymne sans parole afin de ne pas privilégier une langue.

INCROYABLE !

Posés côte à côte, les billets en euro actuellement en circulation couvriraient une superficie égale à 15 000 terrains de football.

Quand a lieu la journée de l'Europe ?

La journée de l'Europe a lieu chaque année le 9 mai. Elle rappelle la journée du 9 mai 1950, quand le ministre français des Affaires étrangères, Robert Schuman, a annoncé la création de la Communauté européenne du Charbon et de l'Acier, la CECA.

Tous les pays de l'Union européenne utilisent-ils l'euro ?

L'euro est devenu la monnaie unique européenne le 1er janvier 1999. Mais tous les pays ne l'ont pas accepté. Le Danemark a conservé ses couronnes et le Royaume-Uni ses livres sterling. Inversement, Monaco ou San Marin, qui ne font pas partie de l'Union, ont choisi l'euro !

LE SAVAIS-TU ? ★ Les ponts, portes et fenêtres dessinés sur les billets symbolisent les liens entre les pays et leur ouverture sur le monde.

EURO OU PAS EURO ?

L'Euro est la monnaie commune de 17 pays de l'Union. Contrairement aux billets, l'une des deux faces des pièces de monnaie varie d'un pays à l'autre.

Zone euro
Pays de l'UE hors de la zone euro

À quoi sert l'Union européenne ?

Après la terrible Seconde Guerre mondiale, l'objectif principal des créateurs de l'Union était d'assurer la paix entre les pays adhérents mais aussi leur prospérité. C'était une sorte de partenariat politique et économique.

Quelles sont les valeurs défendues par l'Union européenne ?

Il y en a beaucoup. Elle défend tout d'abord les valeurs de liberté et de démocratie. Pour prétendre faire partie de l'Union, les pays membres doivent aussi respecter les droits de l'homme et promouvoir la tolérance, la justice et l'égalité entre femmes et hommes.

Pourquoi l'Union favorise-t-elle les échanges économiques ?

Parce que, depuis 1993, les marchandises peuvent circuler librement dans tous les pays de l'Union européenne. Il n'y a plus ni taxes ni droits à payer. Le commerce est donc devenu beaucoup plus facile dans ce grand marché. D'autant plus que la plupart des pays ont la même monnaie.

INCROYABLE !

Depuis 1987, plus de 3 millions de jeunes sont partis étudier dans un autre pays que le leur.

Quels sont les droits des citoyens de l'Union européenne ?

Ils sont nombreux. Ils peuvent par exemple voyager, vivre, étudier ou travailler dans le pays de l'Union de leur choix. Et partout, leurs droits sont protégés par les mêmes lois européennes.

Y a-t-il des pays qui refusent d'entrer dans l'Union ?

Bien sûr. C'est le cas de la Norvège, de la Suisse, du Lichtenstein ou de l'Islande. Mais la plupart des pays sont volontaires et ne le regrettent pas. Depuis leur adhésion à l'Europe, l'Irlande, l'Espagne ou le Portugal se sont beaucoup développés.

LE SAVAIS-TU ? ★ Les Allemands et les Français sont ceux qui participent le plus, financièrement, au fonctionnement de l'Union européenne.

POUR OU CONTRE L'EUROPE ?
L'EUROPE, C'EST UNE IDÉE FORMIDABLE. ON VOYAGE BEAUCOUP PLUS FACILEMENT POUR LES VACANCES ET POUR LE TRAVAIL. ET AVEC L'EURO, ON N'A MÊME PLUS BESOIN DE CHANGER NOTRE ARGENT À CHAQUE FOIS ! GUSTAV ET KATARINA, SUÉDOIS.
JE VEUX FAIRE MES ÉTUDES DE MÉDECINE À LONDRES ? PAS DE PROBLÈME, MON DIPLÔME SERA VALABLE DANS TOUTE L'UNION EUROPÉENNE. C'EST SUPER ! PEDRO, PORTUGAIS.
JE NE VOIS PAS POURQUOI JE PARTAGERAIS LES RICHESSES DE MON PAYS AVEC 26 PAYS. ILS N'ONT QU'À SE DÉBROUILLER TOUT SEULS. ANNA, LUXEMBOURGEOISE.
CELA NE ME PLAÎT PAS DU TOUT QUE LA FRANCE DOIVE ACCEPTER TOUTES LES LOIS EUROPÉENNES. SURTOUT CELLES QUI LUI SONT DÉFAVORABLES ! PIERRE, FRANÇAIS.
L'EUROPE EST UNE EXCELLENTE CHOSE POUR FACILITER LA RECHERCHE D'EMPLOI. JE SUIS SERVEUSE ET JE PEUX TROUVER DU TRAVAIL DEMAIN À PARIS OU À VARSOVIE ! LE CHOIX EST PLUS GRAND. GIOVANNA, ITALIENNE.

Comment fonctionne l'Union européenne ?

Presque comme un pays. Il y a un gouvernement : la Commission européenne, qui représente l'intérêt général. Et deux assemblées : le Parlement européen représente les citoyens et le Conseil de l'Union européenne, les pays membres.

Les membres du Parlement sont élus tous les 5 ans par l'ensemble des citoyens européens.

Qui sont les représentants de l'Europe ?

Il y en a beaucoup. 28 commissaires proposent des lois et les mettent en œuvre. Ils sont indépendants des gouvernements nationaux. Les députés discutent et votent les lois et le budget avec le Conseil. Et au Conseil de l'Union, des ministres des pays membres votent les lois et définissent les grandes orientations politiques.

Comment s'appellent les « lois européennes » ?

Cela dépend. Les textes les plus importants sont les traités mais il y a aussi des règlements et des directives. Ils sont toujours prioritaires sur la législation de chaque pays. Par exemple, si une directive européenne est différente de la loi française sur un sujet, il faut appliquer la directive.

La Cour de Justice veille à ce que tous les pays appliquent la loi européenne.

Les États membres peuvent-ils refuser d'appliquer une loi européenne ?

Cela arrive parfois. Mais ce n'est pas une très bonne idée car ils risquent de payer de fortes amendes. C'est normal : on ne peut profiter des avantages de l'Europe sans en accepter les contraintes !

Peut-on s'entendre à 28 ?

C'est compliqué. Parce que certains textes comme les lois sur l'immigration ou la fiscalité doivent être votés à l'unanimité, c'est-à-dire que tout le monde doit être d'accord. Et souvent, les pays n'ont pas les mêmes intérêts ni les mêmes envies !

LE SAVAIS-TU ? ★ C'est l'Allemagne qui a le plus de députés européens (96) car c'est le pays le plus peuplé.

LA NAISSANCE D'UN TEXTE DE LOI EUROPÉEN

Voici comment une loi européenne, totalement imaginaire, serait élaborée et adoptée :

1 ORIENTER

Les chefs d'État ou de gouvernement des États membres se réunissent au **Conseil de l'Union européenne.** Leur rôle est de définir les grandes orientations politiques de l'Union.

Lors de la dernière réunion, ils ont demandé que la pollution des voitures soit limitée dans l'Union européenne.

2 PRÉPARER

En respectant les souhaits du Conseil de l'Union, les commissaires de la **Commission européenne** réfléchissent à une nouvelle loi avec leurs équipes de spécialistes.

Ils proposent que toutes les voitures trop polluantes soient peintes en noir.

3 DÉBATTRE

Les députés du **Parlement européen** discutent de la loi. Tout le monde n'est pas d'accord.

On arrive à un compromis : cette obligation ne concernera que les voitures polluantes neuves.

4 ADOPTER

Le Conseil de l'Union européenne décide de l'adoption de cette loi.

Les constructeurs d'automobiles doivent prendre en compte cette nouvelle mesure.

5 APPLIQUER

La Commission européenne surveille que la loi est bien appliquée dans tous les États membres !

Dans chaque pays, la police vérifie que toutes les voitures polluantes ont bien été repérées.

Comment vivent les Européens ?

Ils ont des habitudes encore différentes. Ils ne partent pas en vacances au même endroit, ils n'ont pas les mêmes horaires pour travailler et pour prendre leur repas. Toutefois, cette diversité européenne commence à disparaître.

L'oïna est un vieux sport roumain proche du base-ball.

Les Européens pratiquent-ils tous les mêmes sports ?

Certains sports, comme le football ou l'athlétisme, sont pratiqués partout. D'autres, plus traditionnels, sont propres à certains pays. Ainsi, les Roumains sont les rois de l'oïna. Et les Irlandais se passionnent pour le football gaélique : un jeu de ballon très violent !

Les Européens aiment-ils inviter leurs amis chez eux ?

Dans beaucoup de pays du nord comme en Écosse, c'est assez rare. Les amis préfèrent se retrouver dans un restaurant ou au pub. En Grèce, en Italie ou en France, on prend très souvent ses repas les uns chez les autres. Mais pas toujours à la même heure !

À TABLE !

Chaque pays a ses spécialités.

1 LE PETIT-DÉJEUNER

Dans les pays du sud, il est plutôt sucré. On trouve des **brioches** en Italie et à Malte, ou du **yaourt au miel** en Grèce.

2 LE DÉJEUNER

Les Anglais aiment les déjeuners simples et rapides comme le « **fish and chips** », un cornet de poisson et de pommes de terres frits.

Il y a aussi une ribambelle de **pains différents** en Allemagne et en Autriche.

Dans les pays du nord, il est plutôt salé avec de la **charcuterie**, du **fromage**, des **œufs** au Royaume-Uni, au Danemark, aux Pays-Bas.

Les Hollandais adorent prendre des **sandwichs** et pour les grandes occasions, une **escalope au gouda** !

En Allemagne, on se régale avec du **boudin noir et de la purée**.

LE SAVAIS-TU ? ★ Les Maltais se régalent avec une curieuse spécialité : le lapin à l'ail et au chocolat !

À quelle heure dîne-t-on dans les différents pays européens ?

Il n'y a pas de règles. Dans les pays du nord où le soleil se couche tôt, beaucoup de gens dînent à 18 h. Mais si on est invité en Grèce ou en Espagne, il ne faut pas arriver avant 22 h.

Où les Européens partent-ils en vacances ?

Cela dépend. Certains, comme les Moldaves ou les Albanais, sont trop pauvres pour partir. D'une manière générale, les habitants du sud de l'Europe partent moins en vacances que ceux du nord et séjournent moins souvent à l'étranger.

INCROYABLE!

Admirateurs des Huns, les Hongrois aiment donner le prénom d'Attila à leurs fils !

3 LE DÎNER

Quelles sont les grandes fêtes des Européens ?

Il y en a des centaines tout au long de l'année ! Elles sont issues de traditions populaires ou religieuses et certaines existent dans plusieurs pays, comme la Saint-Nicolas. Mais la fête de Noël est la seule à être célébrée partout.

Où fête-t-on le carnaval ?

Presque partout mais chaque pays et chaque ville ont leurs spécialités. Autour du mardi gras, fin février, les Vénitiens organisent des bals masqués. Dans la ville belge de Binche, d'immenses personnages, les Gilles, défilent dans les rues. Partout ailleurs, on se déguise, on parade et on se régale de crêpes ou de beignets.

INCROYABLE !

Chaque année, le Père Noël reçoit plus de 1 million de cartes des petits Français. Ce sont eux qui lui écrivent le plus en Europe !

Quelles sont les traditions de Noël ?

Il y en a beaucoup. Les chrétiens assistent à la messe de minuit pour fêter la naissance de Jésus. Les enfants reçoivent des cadeaux qui sont déposés sous un sapin décoré avec des boules et des étoiles. On dit que c'est un certain Père Noël qui les apporte en traîneau.

Est-ce que le dîner de Noël est le même dans tous les pays ?

Pas du tout! En Angleterre, il n'y a pas de Noël sans dinde, ni plum-pudding. En Hongrie, on déguste une soupe de poisson, des saucisses et des andouilles ! Et en France, on se régale avec de la dinde et une bâhe.

Dans quels pays fête-t-on saint Nicolas ?

Surtout dans le centre de l'Europe. Des Néerlandais aux Allemands, en passant par les Français du Nord-Est, tous les enfants adorent ce saint. C'est normal, il leur apporte des cadeaux et des friandises dans la nuit du 5 au 6 décembre.

LE SAVAIS-TU ? ★ Noël est aussi fêté en Albanie, le seul pays d'Europe où les musulmans sont majoritaires.

LES GRANDES FÊTES NATIONALES

5 et 6 janvier

LA GALETTE DES ROIS

Les Français dévorent la galette des Rois mages en espérant y trouver la fève. Les petits Espagnols sont encore plus gâtés : les Rois mages leurs apportent de beaux cadeaux.

2 février

LA CHANDELEUR

Les Luxembourgeois chantent dans les rues et les enfants vont de maison en maison demander des friandises. C'est aussi le jour des crêpes !

17 mars

LA SAINT-PATRICK

En l'honneur de leur personnage préféré, symbole de leur île natale, les Irlandais s'habillent en vert et organisent des parades et des cérémonies.

30 avril

LA FÊTE DE LA REINE

C'est le jour de l'anniversaire de la reine des Pays-Bas : les petits Néerlandais font la fête et s'habillent en orange, la couleur de leur souveraine !

30 avril

LA NUIT DE WALPURGIS

Les Suédois fêtent la fin de l'hiver avec des grands feux, des chants et des danses.

24 juin

LA SAINT-JEAN

C'est le solstice d'été. Dans les campagnes, de nombreux Européens comme les Portugais, les Finlandais, les Grecs dansent et chantent autour de grands feux.

5 novembre

LA NUIT DE GUY FAWKES

Les jeunes Anglais se lancent des pétards dans les rues pour la fête de Guy Fawkes, un révolutionnaire du début du 16e siècle.

Tous les enfants européens vont-ils à l'école ?

Oui, pour la grande majorité. Dans les pays de l'Union européenne, tous les enfants sont scolarisés. Mais dans d'autres pays moins favorisés, certains enfants n'ont pas cette chance car ils doivent parfois aider leurs parents dans les champs.

Les horaires sont-ils les mêmes dans les différents pays ?

Non, chaque pays fait comme il veut. En Belgique, aux Pays-Bas ou au Portugal, les élèves passent la journée entière à l'école. Mais en Allemagne, au Danemark ou en Finlande, ils n'y vont généralement que le matin. Ils ont du temps pour faire du sport ou des activités artistiques l'après-midi.

INCROYABLE !

En Irlande, près d'une école sur deux n'est pas mixte !

Combien de jours par an les élèves vont-ils à l'école ?

Cela varie selon les pays. Les plus studieux sont les écoliers autrichiens qui vont en moyenne 214 jours à l'école par an. Ils sont en tête devant les Allemands (208 jours). Bien loin devant les enfants espagnols et français (180 jours) et surtout grecs et portugais (175 jours) !

Les vacances d'été sont-elles les mêmes dans chaque pays ?

Pas du tout. Les vacances d'été sont plus ou moins longues, variant de 12 semaines en Grèce à 6 semaines en Allemagne. Mais surtout, elles ont lieu à des périodes différentes. Elles débutent au mois de mai en Irlande et à la fin du mois de juillet au Royaume-Uni.

LE SAVAIS-TU ? L'Union européenne compte environ 98 millions d'élèves et d'étudiants.

D'UNE ÉCOLE À L'AUTRE

REYKJAVIK, 9 H. HANNA LA PETITE ISLANDAISE ÉCOUTE SON PROFESSEUR LUI RACONTER LES AVENTURES DES ELFES ET DES CHEVALIERS, LES HÉROS DES SAGAS. CES HISTOIRES SONT TRÈS IMPORTANTES DANS SON PAYS.

VILNIUS, 10 H 30. PENDANT SON COURS D'EPS, STÉPONAS JOUE AU BASKET-BALL. C'EST LE SPORT ROI DANS SON PAYS. IL RÊVE DE JOUER AUX ÉTATS-UNIS COMME L'ONT FAIT DE NOMBREUX LITUANIENS.

ATHÈNES, 11 H. CONSTANTIN ASSISTE À UN COURS DE RELIGION QUI EST UN ENSEIGNEMENT OBLIGATOIRE EN GRÈCE À L'ÉCOLE PRIMAIRE ET DANS LE SECONDAIRE.

MUNICH, 15 H. DANS BEAUCOUP DE CLASSES ALLEMANDES, L'APRÈS-MIDI EST LIBRE. GUNTHER PEUT PRATIQUER LE FOOTBALL, SA PASSION. IL RÊVE DE JOUER AU BAYERN DE MUNICH QUAND IL SERA GRAND.

BUCAREST, 16 H 05. NADIA SE DÉPÊCHE CAR ELLE EST EN RETARD POUR SON COURS DE FRANÇAIS. COMME ELLE, 9 ÉCOLIERS SUR 10 APPRENNENT CETTE LANGUE !

STOCKHOLM, 16 H 30. AUJOURD'HUI, FREDERIK A EU 15 À UN DEVOIR DE MATHÉMATIQUES. C'EST UN ÉVÉNEMENT. DANS SON PAYS, ON NE NOTE PAS LES ÉLÈVES AVANT L'ÂGE DE 14 ANS.

HELSINKI, 18 H. LAURI LA PETITE FINLANDAISE A RENDEZ-VOUS AVEC UN ORTHOPHONISTE. EN FINLANDE, IL Y EN A UN DANS CHAQUE ÉCOLE. QUAND UN ÉLÈVE A UNE DIFFICULTÉ DANS UNE MATIÈRE, UN PROFESSEUR L'AIDE EN DEHORS DES COURS ET GRATUITEMENT !

Quelles histoires raconte-t-on aux enfants d'Europe ?

Il y en a des milliers. Certaines sont connues dans toute l'Europe comme les aventures de Cendrillon, de Barbe-bleue ou d'Harry Potter. D'autres ne dépassent pas les frontières de chaque pays.

Est-ce que tous les enfants européens connaissent Cendrillon ?

Presque tous, car son histoire a été racontée par plusieurs auteurs dans différents pays. En France, c'est Charles Perrault (1628-1703) qui l'a fait connaître. En Allemagne, ce sont les frères Grimm qui l'ont rendue populaire un siècle plus tard, comme ils l'ont fait pour Hansel et Gretel ou Blanche-Neige.

INCROYABLE !

Charles Perrault savait tout faire : il a écrit des contes mais il était aussi responsable des travaux du château de Versailles !

Qui est Baba Yaga ?

C'est la plus célèbre sorcière des contes slaves et tous les petits Russes l'adorent. Elle est très curieuse car elle peut être dans la même histoire un personnage diabolique au nez crochu ou se transformer en vieille femme généreuse et hospitalière !

Qui a imaginé l'histoire de la petite fille aux allumettes ?

C'est le grand conteur danois Hans Christian Andersen (1805-1875), qui est aussi l'auteur de *La Petite Sirène* ou du *Vilain Petit Canard*. Au départ, ses contes n'étaient pas destinés aux enfants mais aux adultes !

Qui est Fifi Brindacier ?

Fifi Brindacier est l'héroïne préférée des petits Suédois. Elle a été inventée par Astrid Lindgren en 1945. Dotée d'une force exceptionnelle, cette petite fille aux grandes couettes rousses vit seule avec son cheval, son singe et une valise pleine d'or ! Et elle a un arbre où poussent du chocolat et de la limonade !

LE SAVAIS-TU ? ★ Les frères Grimm ont aussi écrit un dictionnaire sur la langue allemande beaucoup moins amusant pour les enfants !

DES CRÉATURES FANTASTIQUES

Partout en Europe, elles font régner la terreur ou protègent la population.

Dullahan
Ce cavalier sans tête effraie tout le monde en Irlande. Il voyage à cheval, sa tête sous le bras !

Druoon Antigon
Ce géant sans pitié exigeait un péage aux marins qui naviguaient sur l'Escaut près d'Anvers, en Belgique. Et en cas de refus, il leur tranchait la main !

Le loup-garou
Cette créature humaine se transforme en loup les soirs de pleine lune. On ne peut le tuer qu'avec une balle ou un pieu en argent.

Les « Koukeris »
Ces héros bulgares sont de grands chasseurs d'esprits diaboliques.

Les Trolls
Ces petits lutins règnent sur les forêts de Scandinavie et d'Islande.

Dracula
La terreur de Roumanie et même du monde entier ! On dit qu'il a été inspiré par un prince du 15e siècle.

Janosik
Voici le Robin des Bois des Slovaques. Des artistes ont écrit des romans, des opéras et des poésies en son honneur et on a même donné son nom à un fromage !

L'Ankou
Grand et maigre, c'est le personnage de Bretagne le moins aimé en France. Il vient chercher les gens dans sa vieille charrette pour les conduire vers la mort.

Textes Jean-Michel Billioud
Illustrations Yann Le Béchec (p. 9, 11, 13, 21, 25, 27, 31)
Olivier Latyk (cartes p. 5, 9, 17, 19)
Sébastien Telleschi (couverture et p. 4, 6, 7, 8, 10, 12, 14, 15, 16, 18, 20, 22, 23, 24, 26, 28, 29, 30)
Crédits photographiques
Couverture : © Shutterstock
p. 17 : bas © Gys Danny / Photonews / Gamma / Eyedea - haut © Keystone / Eyedea
p. 11 : haut © Shutterstock - bas © Shutterstock
p. 9 : haut © Shutterstock - bas © Shutterstock

Direction éditoriale Céline Charvet
Responsable d'édition Jean-Christophe Fournier
Édition Mathilde Bonte-Joseph
Direction artistique Jean-François Saada, Françoise Maurel
Conception graphique et maquette Éric Doxat
Relecture typographique Anne Bleuzen
Fabrication Céline Premel-Cabic
Photogravure Nord Compo

En application de la loi n° 49-956 du 16 juillet 1949
sur les publications destinées à la jeunesse.

ISBN : 978-2-09-253445-8
N° de projet : 10200239 – Dépôt légal : septembre 2013
Imprimé en France par Pollina - L65974B